사탕 껍질을 벗겨보니
내가 있었다

사탕 껍질을 벗겨보니 내가 있었다

글지마 산문시

가달 북스

창가를 스친 빗방울
그것이 내 상처처럼 보였다

나의 사명은
너에게 사랑을 주는 것이
아님을 이제는 안다

서문을 대신해.
2024년 글지마

사탕 껍질을 벗겨보니 내가 있었다

차례

서문을 대신해

1부 | 화창한 날

나이테 *14*

카페, 조명 아래에서 *15*

나이가 든다는 건 *18*

소진 *19*

쿠션어 *20*

자기장 *22*

언제나 지금이 제일 힘들다 *25*

손안에 불이 있었다 *28*

환상통 *30*

2부 | 뜨거운 추락

인공눈물 *34*

두 문장 사이 *36*

교수님, 캠퍼스에서　37
what if　38
모르겠어　40
사월의 변덕　41
이별은 추락　44
여름 아파트　50
블링블링　52

3부 | 너와 나의 교집합

별의 무덤　58
겨울이 추운 걸 알아도　59
반쪽 영혼　60
B와 D, 그리고 C　62
사탕 껍질을 벗겨보니 내가 있었다　64
방생을 꿈꾸며　66
병 문안　68

해피 버쓰데이   70

4부 | 징글맞은 사랑

몽유병   76
가족   78
숨   80
모순의 충돌 속에서   81
툭툭 형제   84
알 수 있는 것   86
좋아한다   88
미아들   90
예쁘장한 하루   92
부처의 물음   94
장래 희망은 호랑이   96

5부 | 일렁이는 인생

급전세, 지망생 환영 *100*
용서의 부재 *101*
예술의 시간 *102*
동해 *103*
사랑의 형태 *104*
사월의 스노우볼 *106*
홈 스위트 홈 *108*
강남역 5번 출구 *110*
열애 중 *113*
모호한 세상 *115*

6부 | 부치지 못한 편지

그날 밤 *121*
출근길에 *122*

그땐 그랬지 *124*
부치지 못한 편지 *127*
죄스러웠던 2월 *130*
당신의 슬픔이 나에게 오기 전까지 *133*
그대는 보시오 *134*
고백 *136*

미주 *142*
후원자 성명 *143*

화창한 날

나이테

아침 성찬으로
자목련 봉우리를 뜯어 삼킨 우리는
수풀을 맨발로 뛰노는 사냥꾼
서로를 몰랐던 시절을 뒤쫓아 달리고

늙은 얼굴의 그루터기는
촘촘한 세월을 쌓거라
그래야 다가올 혹한을 이겨내리
경고하지만

일찍 자란 눈밭의 소순처럼
우리는 계절을 모르고
겁도 없이 치타의 속도에 올라타
주름 같은 나이테를 겹쳐갔다

서로를 들여다볼 겨를이
두 사람의 어깨를 스쳐 지나간다

카페, 조명 아래에서

태양이 대체로 눈을 감은 오후 일곱 시 반
허리선이 잘록한 패딩을 입고
카페, 조명 아래에서
새로운 만남을 가졌다

대화의 기류를 잘 읽는 사내는
내가 그러하듯 언어의 상처를 알아서
거울처럼 내비치는 서로의 예민함에 우리는
불편해졌다

그럼에도 오고 가는 관심
야심한 와인바는 어색함에 오렌지색 촛불을 밝히고
드러나는 발그레한 뺨
조심스러운 입술
고기 연기를 지운 향수 냄새

딱 이랬지
어느덧 사내의 모습이 흐릿해지고
과거의 누군가와도 보냈던 시간
서로를 알지 못해 머뭇거리고

불투명한 마음을 확인하겠다고
달려드는 심장
한입, 두세 입 베어 물고 나면
더는 알고 싶지 않다며 밀려오는 권태

조심히 들어가세요
네, 오늘 즐거웠어요

기약 없는 인사를 끝으로
사내는 차를 타고 떠났고
나는 입김을 내뿜으며 집으로 향했다

혹시나
우리가 처음 손을 맞잡고 걸었던 그날이
보도블록 틈새에 끼어있진 않을까 하여
고개를 숙인 채 길을 걸었다

나이가 든다는 건

나이가 든다는 건 나를 아는 것
내 체형을 조형하고 못난 성격은 숨기고 적당히 어울리고 적당히 사라지고 해로운 음식을 피하듯 동무할 지인을 미리 골라두고

나이가 든다는 건 나로 굳어가는 것
도전은 줄어들고 무던한 내 영역에 머물고 편안한 취향을 벗어나기 힘들고 몸소 부딪혀 해결할 노력도 마음도 체력도 없고

콘크리트로 굳어버린 심장에 누군가를 넣을 공간도 없고

소진

하기 싫은 게 아니야
투정과는 달라
심장이 까맣게 식도록 하고 싶어

하기 싫은 것과는 달라
이건 안 되는 거야

외쳐봐도
알아듣는 이 없네

쿠션어

내가 쓰는 언어는
누군가 나에게 구사해 주길 바라는 언어야

내 다정한 행동은
당신도 나를 대우해 줬으면 하는 바람이야

내가 기꺼이 하는 배려는
사실 나 또한 받고 싶은 욕심이야

한 번에 넘겨줄 단순한 말 대신
복잡한 쿠션을 덧대어
느린 편지를 부치는 것은

괜한 오해로 당신이
집으로 돌아가는 길
내 말을 곱씹어 보지 않길 바라는 마음이야

겸손으로 감싸는 포장은
손이 많이 가는 작업이지만
그럼에도 내 체력이 닿는 한 헤프게
누구도 다치지 않을 선물을 할 거야

자기장

비행기가 서쪽 하늘을 가르자
그가 말했다
"우리가 비행기를 따라가다간
마하의 속도로 가랑이가 찢어질걸"
시니컬한 유머는 그가 뱉은 거라서
그녀는 웃음을 터뜨렸다

멀찌가니 날아간 본체와 달리
태양을 등지고 들판에 떨어진 그림자는
해안선을 넘으려다
풍덩, 빠졌다

그녀는 말했다
"커다란 포식어가 달려든 줄 알고
바다 생물들이 놀라면 어떡하지?"
그녀의 쓸모없는 노심초사를 그는 좋아했다

그때 해수면 위로 점프하며
숨구멍에 붙은 기생충을 떼어내는 돌고래를
그녀는 본 듯했다

"똥 밭에 굴러도 나는 이승에서 살 거야"
박제가 되어버린[1] 그는
그렇게 말했다
두 팔은 관에 누운 것처럼 가지런히
땅만 있으면 잔다고 말했던 그는
마지막 모습마저 정갈했다

불확실한 청춘은
불신의 섬에서
불투명한 오해 끝에
불명예한 인생을 살다 갔다

불안은 자기장을 띠어서

그녀는 그에게 달라붙었나

불 불 불
불이 붙도록 철 가루를 끌어모아
거대한 폭풍우에 맞섰던 그가 띄운
비행기를 그녀는 바다 생물처럼 바라보았다

언제나 지금이 제일 힘들다

언제나 지금이 가장 힘들다
현재는 벅차며 미래는 암울하다
희망이 존재하긴 하는 걸까, 상자를 닫은 판도라처럼 우울하기만 하다

술잔을 기울여 놀 때는 반짝 즐겁다가
집에 돌아가는 발걸음은 한없이 처량하다
내일을 살아갈 기대보다 내일을 버텨낼 이유를 찾는다

용량 부족. 걱정 가득한 내 머리통처럼
스팸으로 꽉 찬 메일함을 비워야 하는
어느 날이었다

그곳에는 언제 누구한테 받았는지 모를 것들이 잔뜩이지만
그래도 간직할 게 있을까 싶어서

보관함을 훑어본다
이삿짐을 뺀 집을 둘러보는 세입자처럼
오래된 순에서 최신순으로

이력서는 대개 합격
원고는 온통 낙선이었다

치열하게 살았네,
희미한 기억 끝에 노고의 기분만 남아있고
구체적인 노력은 까먹은 지 오래였지만
나는 언제나 내 자리에서 최선을 다했다

언제나 지금이 제일 힘들다
하지만 언젠가의 지금은 치열하게 살았네, 라는
문장으로 정리된 것을 안다
매일 주어지는 상자를 열어보지 않아도
그 안에 든 것이 희망이라는 것을

이제는 안다

손안에 불이 있었다

손안에 불이 있었다
화상을 입어도 기꺼워
나를 활활 태우길 바라던 불꽃이

함께 무너질 듯 일렁였다
다시 타오르고
서로를 밝히다 점잖아져도

흰 심지
굽은 등에 기대어
찬찬히 사그라들 줄 알았지만

방화의 전소를
홀로, 목도했다

한데
내 손에 있던 게 맞긴 하는가

떠난 이의 입김에 끊어진 불씨를
어르고 달래보지만

생명의 울음은 들리지 않고
피어오른 연기에 질식하며 헤맨
몇 계절

내 손바닥엔 타다 만 화상자국만이

환상통

가본 적 없는 고향에 향수를 느끼며
나는 그림 속 낙원을 그리워했다

꽃이 유치하게 찬란하고
산너울을 넘는 집채만 한 구름에
온 세상이 어둑해지는

가본 적 없는 낙원을 바라보는
하얀 눈동자에서
환상통이 모락거리고

나는 한참을 멍하니 서 있었다

뜨거운 추락

인공눈물

하루 끝에 지쳐
침대로 쓰러졌다

장맛비에
눅눅해진 베갯잇에
까닭 없이 뺨을 비비고
이불에 숨는다

뻑뻑한 눈에
인공눈물을 또옥또옥 떨어뜨리자
속눈썹은 후루룩
비에 젖은 우산처럼 식염수를 쏟아내고
나는 축축한 눈가를 세수하듯 벅벅 비볐다

눈물 언덕에
작게 낀
눈곱을 떼다가

아아,
며칠 전만 해도
네가 떠올라
이처럼 밤마다 울었던 게 생각이 났다

두 문장 사이

아닌 거 아는데 자꾸 생각이 나
생각은 나는데 아닌 걸 알아

지금의 결말에 도달하기 위해
나는 두 문장 사이를 얼마나 헤맸던가

그대가 내 최고의 사랑일지언정
최선의 선택은 서로가 아니었음을
인정하기 싫어서 부단히도 아팠다

지금 작업실 창밖에는
우리가 보았던 그날의 겨울밤을 닮은
야경이 눈부시게 쏟아지고 있다

교수님과, 캠퍼스에서

세상에 맞는 때라는 건 없는 것 같아요

유학 가서 공부를 마칠 때쯤 둘째가 생겼어요
돌아와서 일해야 하는데 육아를 시작한 거죠
생각해 보면 그래, 내 마음대로 되는 게 하나도 없어

지금 와선 다 소중하고 감사하지만
내가 만일 어떠한 일들을 이때 이때 하겠다고 선택할 수 있었다면 과거와 같은 순서로는 안 했을 것 같아요

그러니까 꾸준하게 건강할 수밖에 없어
어떤 때 어떤 게 올지 모르잖아요

what if

흑백의 브릿팝은
귀에 꽂으면
헐리웃 영화의 주인공이 되는 탓에
활짝 편 늑골을 날개 삼아
리듬을 쪼개고
경쾌한 걸음으로 스트릿을 걸었다

목적지는 활화산
그 앞에 돗자리를 깔고
우리는 피크닉을 즐겼지
우매한 눈동자에 건배,

용암 터지는 봄놀이
마그마에 사라진 벚나무
아지랑이 핀 꽃 노름

앞니에 낀 옳고 그름은

베이컨에 곁들여 씹어 넘기고
선글라스를 콧대에 얹으며
발등이 타들어 가는 걸 지켜보았다

모르겠어

이젠 누구랑 뭘 하고 싶은 건지
나도 잘 모르겠어

사월의 변덕

오늘은 날이 좋았다
지구는 부글부글 끓고
힘들다며 사월에 여름을 선물했다
마음이 고달픈 나는
오류로 찾아온 이상기온이 반가웠다

아침에 일어나 신중히 외출복을 골랐다
바깥은 덥고 카페는 추울 테고
변덕스러울 날씨에 맞설 단장을 마치자
갑옷을 두른 듯 자신감이 차올랐다
모교 강연이 있는 날이었다

수년 만에 캠퍼스를 거니는데
봄이 절로 달아났구나, 대학생들은 싱그럽고
화장한 볼의 솜털마저 대견해서
나는 겨드랑이가 짜게 젖는 줄도 모르고
언덕을 올랐다

햇살 아래 연둣빛 싱그러운
묘목의 생명력에 홀려
감탄하던 그때
불현듯, 손에 쥔 불행이 불쌍했고
부쩍 다가온 행복이 반가웠다

불행을 연민할 수 있게 되다니
많이 괜찮아졌구나, 강해졌구나

오늘은 날이 좋고 난 예쁘고
널 미워하기엔 삶이 너무 짧아서
나는 너를 미워하지 않기로 했다

변덕스러운 사월의 여름처럼
아름다운 한때를 선물해 준 너를
나에게 사람을 이토록 사랑할 수 있다고 알려준 너를

다만 지우기로 했다

그저 너도 네 자리에서
하루빨리 평안함을 찾길 바라며

이별은 추락

1
너와 헤어지고 얼마나 힘든지
구태여 표현하지 않으려 했다
뻔한 사랑 노래에 나오는 유치한 이별을
나도 겪었노라 인정하긴 고까웠으니

그럼에도 이별은 추락
안일한 사랑의 이불에서 내팽개쳐진 나는
그새 홀로 서는 법을 잊고
하염없이 추락

'시간이 흐르면 괜찮아질 거야'
친구들이 뻗은 손길은
나를 붙들지 못하고
끝없이
추
락

나의 구원은 모순된 너의 손길
뿐이라
나는 추락하면서도 혹시나
네가 손을 내려주진 않을까
운동에너지를 역행하여 온종일 하늘만 바라보
았다

끝이 있긴 해? 있다 한들
종내 나는 종아리뼈가 부러진 채
넝마가 되어 발견될 것 같은데
그네들은 시간이 약이라고만 하네

그 사실을
나도 이성으론 알면서도
밤이면 벅차 울었다

2
불안정하지만
땅에 닿은 것 같다, 는 생각이 들었다
확언이 어투인 나도
너와의 이별에 관해서는
감히 확신하지 못했다

한편 불안했다
이제는 진정 너와 내가
우리로, 합쳐질 기회를 영영 놓친 것 같아서
그게 속상해서 그날도 울었던 것 같다

.

3
지금은 땅에 닿았다
확실히

믿기지 않았다
나 혼자도 설 수 있었지
이런 감각이었지

다리가 부러지지도
넝마가 되지도 않았다
그네들이 말한 대로 나는 괜찮아졌다

이 순간이 영영 오지 않을 거라 믿은 것이
바보 같다고 느껴지는 한편
홀로 견뎌야만 했던
긴 추락의 흔적을 고개 들어 바라보았다

참 길었다
지독했어, 그치?

그러니까 다신
네가 밟고 있는 땅을 잊지 마
너무 멀리 올라가지 마
그 동아줄은 널 영원히 지탱하지 못할 거야
아니, 영원할 거라 믿는 순간
끊어질 거야
믿을 수 없이 한순간에

그러니 앞으로는 너를 믿도록 해
추락 끝에 땅이 있으니
두 발로 설 수 있으니
너무 슬퍼하지 않았으면 좋겠어

너무 아픈 사랑은 하지 않았으면 좋겠어

밑바닥에서야 맞는 동아줄이라면
잡지 않았으면 좋겠어

그게 너의 사랑이었으면 좋겠어

여름 아파트

아직 오지도 않은 더위를 꺾으려 하나
약속 없이 찾아온 초여름의 소나기에
행인들은 버드나무 솜털에 재채기할 새도 없이
빗줄기 사이를 뛰어다니네

혼란한 세상을 염탐하려 창문을 열자
기다렸다는 듯이 코털에 달라붙는 재잘스러운 공기
아파트에서 내려다본 가로수는
쑥대머리를 한 것들이 어지러이
돌풍에 나부끼고

안개가 빌딩을 삼킨
저 먼 저녁
배수로를 타고 온 빗물이 귓등을 때리고
나는 비에 젖은 도시를 바라보네

봄도 지나지 않은
여름 아파트에서

블링블링

더위를 머금고 눅진하게 늘어진
원피스가 베란다 샷시 너머로 보이고
그 아래
웃고 있는 엄마의 얼굴이 보인다

거실 티브이 속에선
눈 시끄러운 트롯 방송이 한창이고
어머니는 어느 중고 신인 남 가수에게 마음을 뺏
긴 지 오래
나는 최애 없이 자리를 함께했다

다만, 시선을 사로잡은 건
데뷔 50년 차의 중년 여가수
진달래색 화려한 정장을 휘날리며
길게 노랫가락을 뽑는
그녀는 뭐랄까, 찬란했다

빤짝임도 위대할 수 있구나
내 낡은 편견이 도리어 유치해진 그때
그녀가 말을 건넸다

   거울아 어서 말을 해
   내가 젤 예쁘다고
   내가 젤 매력 있다고

이런
도발적인 그대!
매콤한 중년은 부끄러움을 몰랐고

   이 세상사가 다 그래
   간절히 원할 때는 더디고
   마음을 비우니까
   어느새 눈처럼 녹아들잖아[2]

삶이 부끄러운 여인의
바이블을 발견하였노라
유레카!

나는 조용히 방으로 들어와
문을 닫았다
어미의 취향에 면박을 줬던 것이 민망해
살그머니 볼륨을 줄이고
그녀의 노래를 틀었다

선생님 말씀이 다 옳소
이 세상사 한 치 앞도 알 수 없듯이
당신의 노래가 내 18번이 되었소

너와 나의
교집합

별의 무덤

그것은 추락한 별들의 무덤이었다

가로수 길을 점령한
노란 은행잎이 주단처럼 늘어져 있다

갓 떨어져 생생한 이파리는 푹신거리고
메마른 계절의 흔적은 밑창 아래 부서져 사라진다

아스팔트에 깔린
영웅을 위한 행진 길

소년은 정복지를 순방하는 독재자의 걸음으로
낙엽을 파헤치고
노부부는 젊은이가 만든 잔해 위를 손잡고
속절없이 걸어간다

겨울이 추운 걸 알아도

손발이 뜨거웠던 나는
탐스러운 눈송이에 어김없이
목덜미를 드러내고
질 나쁜 코트로 갓 성인이 된 육체를 덮느라
겨울이 추운 걸 알아도 기꺼웠다

되알진 칼바람에
정수리를 보이며 항복하고
겨드랑이에 불붙어라 손바닥을 비비면
절로 빨라지는 걸음

야만의 밤, 술꾼의 노래가
도시 괴담처럼 울려 퍼진다
문 닫힌 봉고는 겁탈을 꿈꾸고
길고양이는 버려진 종이 박스를 찾아
어둠 속으로

반쪽 영혼

여봐!

드디어 찾았어
나의 반쪽, 잃어버린 분신이여

나는 확신했지
오래된 꿈을 되찾은 것처럼

평생 분리돼
오평생해온 너와

나는 달랐지만
합체할 경건의 날을 고대하며
나 홀로 우리 틈새를 메꾸었다

고양이 어르고 강아지 혼내듯
사랑과 증오를 덧발라 미장하고

옆구리 파내는 고통에
고통을 느끼는 나를 나무라며
늑골에 후후 불어 연고 칠했다

잔혹하여라, 사랑의 신

분신이 아닌 자 분신이라 착각지 말게 하소서
  애초에 하나로 태어나 이런 시련 겪지 않게 하소서
  다시 사랑할 용기를 주소서

B와 D, 그리고 C

B와 D는 서로를 몰랐지만
C라는 교집합이 있었다

B에게 C는 화를 모르는 공녀였다
전쟁이 두려워 교섭을 거절한 그녀는
인고의 헝겊으로 눈물을 훔치는 대신
헌신의 옷을 벗고

D를 찾아가
용서를 먼저 권하는 선악의 심판자가 되었다

어리숙했던 그녀가 간사한 책략가가 되기까지
걸었던 수만 킬로의 시간을
사막의 모래바람은 기억하고 있다

B와 D는 서로를 몰랐지만
C는 두 사람을 알아서

은의 맹세를 버린 손으로 깍지를 끼자
B의 버릇이 그녀에게 넘어와
D와 취향을 섞는다
서로가 닮아가는 줄도 모르고

사탕 껍질을 벗겨보니 내가 있었다

알지도 못했던 숙명을 하달받고
나는 사탕을 찾아다녔다

인상착의는
달걀형 외모에 은은한 딸기색을 띠는
무지개 옷을 걸친 달콤한 그것
이왕이면 부서진 흔적이 없는
아, 한 마디로 완벽한!

이런 게 사탕이겠지
나는 보고 배운 대로 호외를 배포했다

구인난을 꼼꼼히 살피다 찾아온 나의 사탕은
대가 없는 첫날 밤을 요구하고
우리는 서로의 옷 끝을 붙잡으며 속삭였다
아, 숭고한 해피엔딩이여…

수십 세기 허구의 꽃잎으로 덧씌운
사탕 껍질을 벗겨보니
막상, 유리 조각난 것들만 한가득

입 안에 넣고 굴리면
피 맛이 나도록 너덜너덜한 테이스트
틈틈이 배어 나오는 단맛에 절여져
다시금 혀를 굴리고

속았다!
부서진 이것이 사탕이로구나
아니, 이것은 인생이로구나

벗겨지고 나서야 깨닫는 현대식 구연동화
어쩌면 잔혹실화

방생을 꿈꾸며

가장 싫어하는 말은
내가 사랑하는 순간에 방언처럼 터져 나온다

너 생각해서 그랬어
네가 나를 이렇게 만든 거야

누구도 바란 적 없는 자비를 베풀다가
제풀에 지친 내가 던질 핀잔 어린 속상함이
활어처럼 입안을 퍼덕이고

팔딱팔딱 방생을 꿈꾸는
그 말들로
너를 정수리부터 발톱까지 범벅하고 싶지만
입술에 그물을 치고 참았다

어떻게 하면 너를 놓칠 수 있을까
닳고 닳으면 버릴 수 있나

기억 맨 끝에 밀어두었던 너와의
포옹을
모닥불 위의 시선을
마주 보며 지었던 웃음을
질리도록 더듬는다

병 문안

병이 문안을 왔다
우울의 냄새를 어찌 맡았는지

난소에 안착한 동그란 미모의 피혹
보금자리가 비좁다며 복부를 점거하고 허리를
치는 농성을 벌였네

산부인과 진료실 앞은 교복부터 임부복까지
다양한 세월을 걸친 여인들로 가득했고
나는 마스크 뒤에 숨어 바닥만 바라볼 뿐

아아, 후회됐지
지금껏 못해 온 것들이
죽을병에 걸린 것도 아닌데 아깝게 느껴졌지
시간도 돈도 아닌, 농성도 못 부려본
내 가여운 욕망

무더운 여름날의 수술이 결정 나고
D-19
나는 욕망 리스트에 체크를
채워나갔다

시계를 휘발유에 태우고 달려
도착한 바닷가에서 막국수 한 그릇
미용 베드에 누워
긴 속눈썹을 끔벅이는 건
일종의 수술 예행연습

손때 탄 적 없는 새 책을 가르고
가장 먼저 책장의 모서리를 접는 사치도 누려본다

이 모든 것이 병의 문안 때문이었나
죽지 않을 만큼의
병 덕분이었나

해피 버쓰데이

도망친 곳에 낙원이 있을까

얼굴이 쥐어터진 A는
지난밤, 마을에 잘못 든 이방인과 영혼을 나누다
탑에 갇혔다는 소문의 주인공

창가에 턱을 괸 A는
결백의 족쇄를 차고
주황색 망토에 얼굴을 파묻은 채
저 멀리 들판의 지평선을 바라보았다
이방인의 고향, 가보지 못한 지옥이여!

상냥한 A는 지난 나날
볼우물 움푹 패며 이웃들을 홀리고
척추뼈가 드러나도록 웃어른을 공경해 살았더이다

추락을 선호하는 A는 파괴당하면서
도망을 모르는 자학에
야속해졌다

미련한 천사여,
깨달음은 그날 밤 A의 머리통을 깨부쉈고
쨍그랑! 널브러진 잔해를 못 본 척하며
A는 달아났다

도망친 곳에 낙원이 있을까[3]

드디어! 나는 도망쳤다
결국 나는 도망쳤다!
나는
도, 망, 쳤, 다

불신의 칼날에 망토가 찢기고

다 잃고 도착한 들판
지평선 위에서 A는
헐벗은 사자의 우렁찬 포효를 들었다

경의의 바람이 살갗을 간지럽히고

고향을 등진 야만스러운 A
홀로 낙원에 서서
일그러진 케이크에 초를 밝힌다

해피 버쓰데이
다시 태어난 걸 축하해

후우, 숫자 0에 붙은 작은 숨이
세상에 타올랐다

징글맞은 사랑

몽유병

만월 활짝 핀
밤이 깊고

복도를 떠도는
유령 하나

새벽에
맨발로 아파트 복도를 거닌
그날의 은 아무도 알 길이 없고

교실에서 말동무 없이 지냈던 반년
지금은 희미해진
지워버린 기억

여명을 지나
잠에서 깨어난 고등학생은
욕실 바닥 물을 밟다가 찍힌

까만 발자국에
유령의 일탈을 눈치챈다

가족

핏줄이 뭐라고 탯줄로 이어져
식탁에 마주 앉은 두 사람

혼자 방문을 닫고 울고 싶은 밤에도
함께 수저를 든다

비좁은 2인용 식탁에
서로의 무릎이 부딪히고
오리고기를 담은 그릇은 떨어질 듯 아슬하다

핏줄이 뭐라고
서로의 숨소리가 말소리보다 편안한 두 사람

다음 승객을 찾는 출국 심사관의 말에
위 아 패밀리, 라며 함께 창구에 선다

각자 틀린 삶을 살아도

쓴소리 한 쌈 입에 넣어주고
뜨거운 음식을 나눠 먹는다

숨

혹렬히 풍족한 너를 만나
기민하게 가난한 나는
결핍에 허우적거렸다

넌 팔이 없고 난 발이 없으니
이 망망대해를 함께 헤엄쳐 가보겠다던
결심은 물살에 덧없이 휩쓸리고

서로의 숨을 빼앗으며
우리는 앞으로 나아간다

모순의 충돌 속에서

질서와 혼돈 사이에서 태어난 저는
(당신에게만 밝히지만)
사람 거죽을 뒤집어쓴 외계인입니다

메마른 도시의 젖을 먹고
풍유한 정글의 품에서
황제 전갈을 끌어안고 잠을 청했지요

게으른 어머니가 말씀했습니다
착하게 굴어야지, 그래야 예뻐해 주지
다정한 훈육에 저는 말괄량이와 이별하고

불편해도 참아보라는 말에
제 위에 타인을 세우는 법을 배웠습니다

원래 다 그런 거라고
부지런한 아버지가 말씀하시자

저는 이제 진실의 입을 닫습니다

그곳에 남았으면 편했을까요
필연의 실수로 만유인력에 이끌려
저는 어쩔 수 없이 지구에서 살고 있습니다

누구와도 어울리지만
누구의 이해도 받을 수 없는 저는
얌전한 분노를 감추고 있다가…

와 - 악!

광대의 뚜껑을 열고
그 뒤에 감춰두었던 우주를 보여주면
인간들은 사색이 되어 도망가겠죠

그래도 어느 날

나의 스트립쇼에도
놀라지 않고 박수를 쳐 줄 당신을 찾아
저는 지구를 표류합니다

툭툭 형제

하얀 뙤약볕에 이성이 녹아내리고
비쩍 마른 소년 하나가
옆구리에 더 비쩍 마른 동생을 끼고
무질서한 도로 끝에 서 있다

툭툭을 손짓해 불러 세우지만
그늘에는
이미 손님들로 만석
주름진 얼굴의 기사는 먼 산을 바라보며
손가락 세 개를 단호히 펴 보인다

형은 주눅 든 지폐를 사내에게 건네고
동생의 겨드랑이에 손을 넣어
번쩍 들어다가
뒷자리에 싣는다

툭툭이 흙바람을 일으키며 출발하고

준비 운동도 없이 그 뒤를 쫓아 달리는 형을
동생은 뒤돌아 바라본다

알 수 있는 것

한 사람이 한 사람을 이해하고자 할 때만
알 수 있는 것들이 있다

무엇이든 함께하고 싶은 당신으로 인해
내가 어떤 취향까지 포용할 수 있는지 알게 된다

내 얼굴과 웃는 당신의 얼굴이
닮았다는 것을 알게 된다

누군가를 열정적으로 사랑하는 만큼
미워도 할 수 있다는 걸 알게 된다

꿋꿋이 지켜온 에고가 무너지더라도
방어기제의 사이렌을 멈추는 방법을 알게 된다

견고히 세운 안온의 벽을 넘어
더 강하고 말랑해진 당신과 내가

둘만의 성을 쌓아가는 방법을 알게 된다

좋아한다

내 멀대 같이 큰 키를 좋아한다
사람을 끌어안는 긴 팔을 좋아한다
스스럼없이 손을 잡고 미간을 찌푸리는 피곤한 성격을 좋아한다

사랑이 두려울 리 없지,
어떤 일이든 처음 겪는 것처럼
속쌍꺼풀 속 호기심 가득한 헤이즐넛 색 눈동자를 좋아한다

사주에 화가 많아
불의를 못 참는 나를 좋아한다
식물의 삶은 평안했으나 나는 물고기라는 불신에
화분을 뛰쳐나온 성급함을 좋아한다

바람에 흩날리는 민들레 홀씨를 좋아한다
온건한 고양이파였지만

끝내 눈이 없는 것들도 아끼는 오지랖을 좋아
한다

소설 속 주인공의 이야기를 좋아하지만
모든 사람의 인생은 신에 의해 쓰인 한 편의 동
화[4]라는 말을
그 어떤 이야기보다 좋아한다

미아들

미아는 많이 잃어봐서
길을 찾을 줄 안다

고운 핏물이 고인 무릎을
까만 실로 꿰매고 일어나
하얀 수풀을 걸어보았기에

길을 발견하고자
우린 길을 잃는 것인가

그대들의 지름길은
나의 뒤안길이라 퍽 허탈하고

더 좌절할 수 없도록 좌절하고 나서야
하얀 수풀이 펼쳐진다

이곳을 미아 말고 또 누가 알 것인가

잃고 나서야
새로운 길이 나타난다

예쁘장한 하루

양꼬치에 칭따오 맥주를 마시고 잠든
다음날 아침결

그 길던 걱정의 꼬리가
밤새 끊기고
간만에 숙면을 취한 나는
식전부터 점심 메뉴를 고르는데

맛있는 거 사 먹어
너를 위해 뭔들 못 사주겠어,

아끼는 직원에게 카드를 내밀듯이
나에게 말을 건넸다

글만 써서 가난해도 괜찮은 내가
돈까지 벌려 하는 이유는 다만
너를 실하게 먹이고 멀쑥한 옷 사 입히고

질투를 모르고 축복만 베푸는

배부른 삶을

선사하고 싶어서가 아닐까 생각하며

징글맞게 예쁘장한 하루를 연다

부처의 물음

외람되오나 신앙은 아니 하오나
중생 마음에 항상 두루 비치신 부처께서 어느 날
인생에 후회가 있느냐, 물어 온다면

너무 없어서 탈입니다
괴팍한 성미에 눈칫밥 속에서도 볼 장 보고 산
듯싶소, 라고 말할 성싶다

후회를 좀 해볼 것을 후회한 적은 없느냐,
두 번째로 물어 온다면

어찌 아셨소
후회란 놈은 부스러기까지 핥아 치우는 밥버러
지인 터라 후회를 못 해본 것도 후회로 만들더이다,
같은 우매한 답은 접어두고
내가 내놓을 말은

매번 최선을 다했을 뿐
불통하였다면 우린 주파수가 달랐을 따름이니
내 서툰 작동에 마음을 긁힌 이들에겐 용서를 빌 뿐
그럼에도 인복 하나는 타고난지라
여태껏 잡음의 공전을 인내한 이들에겐 고마울 뿐이오, 라며 젊은 나날을 회상하리라

장래 희망은 호랑이

커서 호랑이가 되겠다던 꼬마는
동물원의 호랑이를 구경하는
어른이 되었다

꿈을 꾸는 것보다 소비하는 것이 편리한
어른이 된 꼬마는 다만
부끄러운 장래 희망을 간직한 채 살아간다

되도록 평범하게 살아보자
남들 다 하는 시기에
취직하고 애인과 가정을 꾸리고
가능하면 애도 낳아 출산율에 이바지하고

서른이면 안정기일 줄 알았는데
철밥통도 부수는 세상에 휩쓸려
꼬마는 양복을 입고 출근길에 오른다

까무룩 잠이 든 꼬마는
잠결에 그만
너무 일찍 지하철에서 하차하고

아무도 내리지 않은 지하철역
왕래가 없는 그곳에 버려진
호랑이 머리띠 하나

꼬마는 드디어
주변을 두리번거리지 않고
머리띠를 집어 머리에 얹는다

어릴 적 기억을 떠올리며 천천히
네 발로 엎드려
어흥, 하고 울어본다

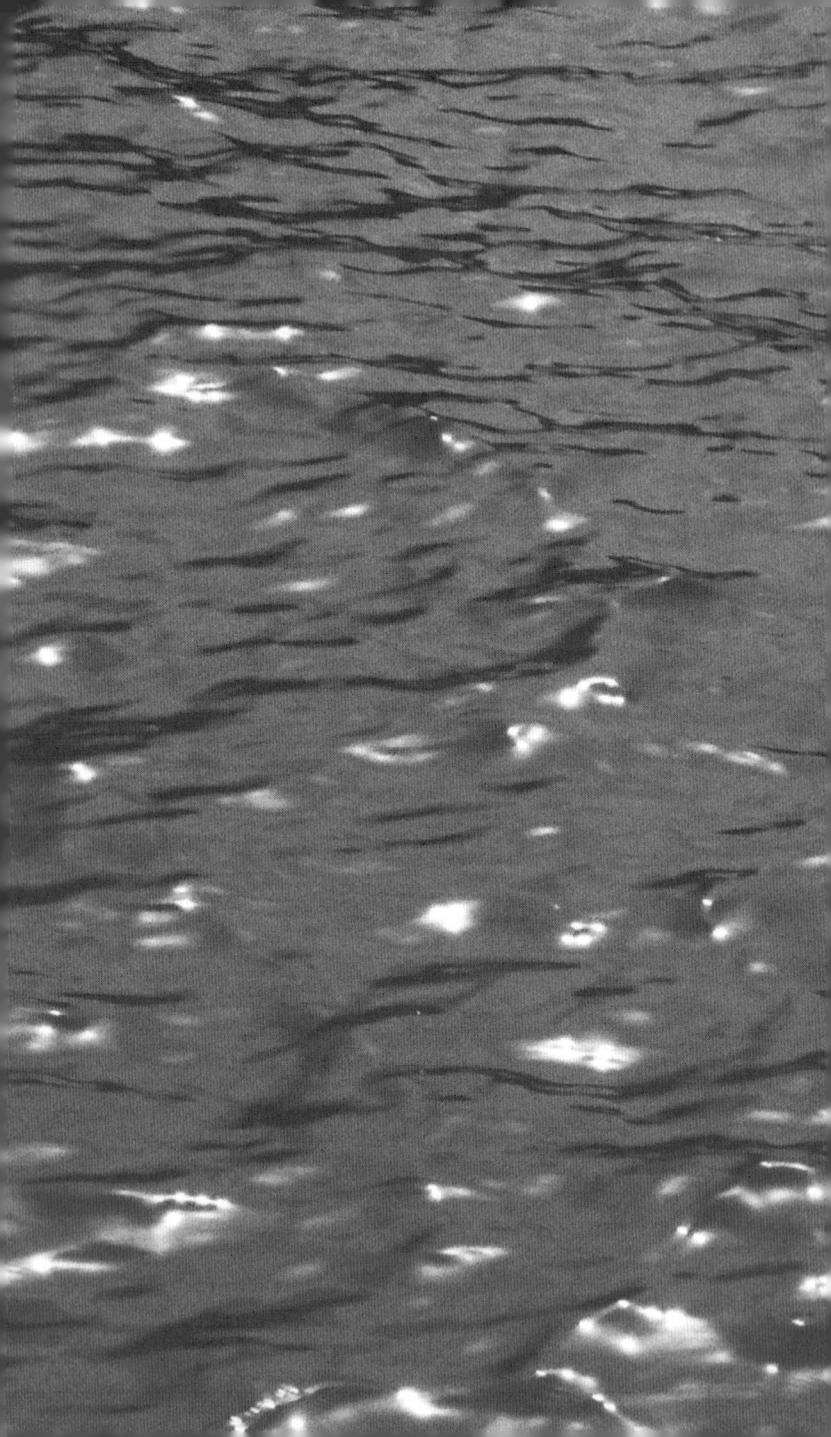

일렁이는
인생

급전세, 지망생 환영

전봇대에 붙은 광고 전단지는
세입자를 구하고 있다

예술
급전세
지망생 환영, 즉시 계약 가능, 성공역 15분 거리

허울 좋은 어감에 속아
몸부터 밀어 넣는 사람이 없어야 할 텐데
걱정을 하면서도 나는

어쭙잖은 기회를 훔치는
정의의 좀도둑은 되지 못하고
그저 그 자리를 스쳐 지나간다

전봇대에는 이미 수년 전
누군가 뜯어간 절취선의 흔적만이

용서의 부재

어느 날 편지 한 통이 날아왔다
어릴 적 짓궂은 장난에 대한 사과를 담은,

250원짜리 우표는 시세도 맞지 않아서
어리둥절한 허파에 비웃음이 들었다

너무 늦지 않았는가
이제 와서

책임자는 부서를 바꾼 지 오래

용서는 내 관할이 아니라서
나는 주소지를 고쳐 쓴 후
편지를 반송함에 떨어뜨렸다

예술의 시간

예술은 남기는 것

나라는 흔적은
언제든 시간을 통해
당신에게 가 닿을 테니

지금 나는
그저 남긴다

어금니를 악물고
누가 알아주지 않아도
계속 써 내려간다

결실은 시대가 맺을 테니

동해

새벽을 알리는 하얀 물빛이
하늘에서 내려와
온 바다를 뒤덮었다

푸른색은 아직 오지 않고

비단결의 베일이
투명한 태양과 평행을 이루니

눈부시다
눈이 부시다!

괘씸한 사람들아
동트기의 동해가 이토록 자혜롭다고
누가 말해준 적 있었던가

사랑의 형태

너와 내가 마주 앉아
뒤엉켜 노는 실뜨기는
혼자서는 고작 별을 그리던 손가락으로
함께 출렁다리를 짓는 일이었다

한 명이 져야 한 명이 이기는
협동의 줄다리기는 어느덧 팽팽해지고

실테를 감아쥔 손이
다음 순번을 상대에게 넘긴다

인연의 끈은
저절로 풀어지는 간교한 나태주의자
너와 나의 굳은살을 모르고

저기 그들, 예쁜 매듭을 맺고 있네

그건 아마도 끊임없는 밤
두 사람이 이마를 맞대고
아침이면 사라질 오작교를
까치와 제비의 도움 없이 건너갔기 때문이겠지

그렇다면 우리는 실놀이를 이어가기 위해
무엇까지 포기할까

너를 받아들이고자 나는 또
어디까지 자리를 내어줄까

너와 나만 아는 실의 이야기
누구 하나 손 놓으면 끝나는 놀이

사월의 스노우볼

사월에 도착한 스노우볼 속에서
가파른 선로를 톱니바퀴로 오르는
빨간색 산악열차에 올라탔지

오른쪽 얼굴이 예쁘기로 소문난 설산은
제 속을 훤히 비춰 보이고
영원할 것만 같던 깊은 터널을 통과하자
동화 같은 세상이 펼쳐졌지

정차역은 그린델발트가 아니었나

크리스마스 특선 영화에서나 볼 법한 상록수
위로 무겁게 앉은 눈더미,
하얀 안개에 산머리가 가려지고
열 네시간 비행도 거뜬한 어른이 넘어져도
아프지 않을 환상의 나라

사월의 스노우볼 속에서
나는 볼 빨간 어린애처럼 걱정 없이
짙은 초록 숲을 들쑤성거렸다

얼마나 새로운 것을 보아야
나는 또다시 어린애가 될까

홈 스위트 홈

없는 줄 알았던
집 냄새가 맡아지고

우리 집이지만
남의 집처럼 그새 서먹한
내 방에서 캐리어를 푼다

주인도 없이
부지런히 흘러간 시간 속에서
자연의 이치에 따라 옹기종기 만개한
금전수꽃이 온 거실을 수놓고
먼지들이 부유하는 바닥을
맨발로 디뎌 침대에 눕는다

알맞게 짓눌린 베개를
가랑이에 끼자
외국어를 할 채비를

하고 있던 몸에서 긴장이 풀리고

홈 스위트 홈

이제야 돌아왔구나,
그간 모르고 지냈던
즐거운 우리 집

강남역 5번 출구

서울 강남이 그곳에선
탁 트인 공항 터미널처럼 내려다보였다

뜨거운 정오의 햇살을 맞고 있는
뾰족구두의 그녀는
10층 휴게실에 앉아 담당 학생을 기다렸고

영업에 익숙한 그녀는 밝은 미소로
청년의 미래처럼 컴컴한 얼굴의 나를 맞이했다

'선생님, 어떤 걸 하고 싶은 건지 모르겠어요'

손쉬운 투정으로 내 마음을 털어놓자
그녀는 음, 하고 고개를 돌리더니
처음으로 영업직의 가면을 버리고
친근한 언니의 말투로 말했다

'있잖아, 모르는 건 없어
모르겠다는 건 알 때까지 고민을 안 한 거야'

그 누구도 해준 적 없는 말이었다

강남에서 인천으로 돌아가는 길
빨간색 광역버스를 기다리며
나는 유독 넓은 내 발볼을 사정없이 옥죄는
까만 승무원 신발을 내려다보았다

굽 높은 뾰족구두를 신는 그녀의 직업은
아무리 보아도 남의 물건 같아 탐나지 않았고
그녀와의 상담을 마지막으로
나는 학원을 그만두었다

알 때까지 고민한 결과였다

도전에 긁혀 빨갛게 벗겨진 아킬레스건보다
더 큰 상처를 입더라도 나의 길을 가야겠다

그리고 멋진 당신에게
고맙다는 말을 전하지 못한 채
서울 강남이 한눈에 내려다보이는 그곳에
다시는 돌아가지 않았다

열애 중

거울 속 당신에게 말해본 적 있나요
사랑한다고 말이에요

일단 나와 먼저 열애를 해보자고
처음 마음을 다잡은 봄밤

납작한 가슴에 손바닥을 올리고
칭얼대는 갓난애를 잠재우듯
토닥 토닥이며 말했죠,
사랑한다고 말이에요

어찌나 부끄럽던지
나는 기를 쓰고 사랑을 하다가 잠이 들었습니다

불면의 밤을
복슬한 양 떼와 빙빙 돌듯이
사랑의 숫자를 웅얼거렸고

어색함은 늑대처럼 우리의 뒤를 쫓았죠

이게 다 무슨 소용인지

언제나 그렇듯이
효율의 양치기가 채찍을 휘두르지만
나는 매일 성실히 열애했습니다
기억의 망각은 불신해도
노력한 시간은 믿었으니까요

사랑은 이처럼 대단한 일이에요
나를 사랑하는 건 위대한 행위예요

스스로가 미울 때면
더욱 애틋한 사랑을 합니다
이제 밤도 양 떼도 거울도 없지만 말이에요

모호한 세상

정답이 없기에 자유로운 질문들에 대해
오래도록 답을 내리려 애써왔다

가슴이 얼룩진 날에는
대낮에도 시야가 흐릿하고
머리는 무거워 도통 결론이 나지 않는다

자국 위에 반원을 그리며
걸레질을 해봐도 오히려 얼룩은 커지고
마음의 갈피를 잡을 도리가 없다

그러다 문득 든 생각
과연 사람의 마음에 정답이 있을까?

모호한 것은 불안하니까
오만한 나는 만물을 판별하려 했다
보이지 않는 것에 이름을 붙여주려 했다

가끔은 타인이 내린 정의를
내 정답처럼 여기며 살아보기도 했다

하지만 스스로 무너지는 경험 끝에 깨달은 건
세상은 명확하지도 완전하지도 않다는 것
답을 찾지 못하더라도
그 여정 속에 배움이 있다는 것

그러니 오늘 하루는
마음 복잡하게 살아도 괜찮다
모호한 세상을 모호하게 살아보려 한다

부치지 못한 편지

일러두기 |
  6부에 실린 여덟 편의 시는 각자 다른 상황에 놓인 발신자가 미명의 수신자에게 전하고 싶은 이야기를 편지의 형태로 묶었습니다.

그날 밤

너의 어깨에 매달려
떨던 나를 보며

너는 무슨 생각을 했을까

출근길에

좋은 아침입니다

오늘도 어김없이
알람 소리에 맞춰 눈을 뜨는데

얼른 답장해야지
휴대폰을 들었다가 마음을 바꿔
책상 앞에 앉아봅니다

샤프를 써 본 지도 오래인데
어색하게나마 연필을 손에 쥐었어요

낭만을 잊은 어른으로 자란 것 같아서
조금 아픔이 아팠답니다

그대가, 여린 밤에는 잠만 자고
강인한 아침을 맞이하기를 바라며

출근길 바쁜 와중에
편지를 두고 갑니다

그땐 그랬지

그땐 그랬지
기억나니?
예전에는 우리 그랬잖아
돈이 없어서 만나지도 못하고

그깟 교통비가 뭐라고
아직도 기억해
지하철 요금 1250원이었어
그게 없어서 우린 메신저로 안부를 물었어

넌 휴대폰이 끊겨서 태블릿을 팔고
난 카메라를 팔고

그땐 그랬네
돌이켜 생각해 보니
하루에 몇 번이고 생보다 사에 가까워지고 싶은 나날을 보냈잖아

이런 말 하면 다른 사람들은 알아들을까

삶과 죽음 그 틈바구니에 끼어서 휘청거리다가
불의의 사고에 치여
저쪽으로 콱, 넘어가 버리면 좋겠다고
하루에 수십 번씩 생각했잖아 우리
걸어 다니는 송장이 따로 없었네

죽을 용기로 살라는 말은
어떤 사람이 할 수 있는 걸까

지금도 그때도
나에겐 더없이 소중한 너에게
언젠가 이 말을 꼭 해주고 싶었어

오늘도 누구도
응원하지 않는 꿈을 향해 달리느라

수고했다고

함께 삶을 선택하고 버텨낸 동지니까
나는 널 끝까지 응원해
그럴 수밖에 없어
네가 성공할 때까지

그러니까 빨리 성공해 줘
그래 보자 우리

서로의 이름이
다른 사람의 입에서 나왔을 때
알은체할 수 있는 날을 위하여

부치지 못한 편지

이제는 모른 척 지내자고
너를 만나는 게 부쩍 불편해졌다는
그 말을
끝까지 하지 못했다

어느 순간 깨달은 거겠지
우리는 맞지 않는다고

나도 괴로웠다고 말하면 모순일까
함께함을 권유하는 네 부탁을
하나도 들어줄 수 없어서

다른 사람과는 다 할 수 있는데
너랑은 못하는 내가
못된 애처럼 느껴졌다

노력도 해봤다면 믿어질까

네 권유대로 여행을 갔던 우리는
내 꾀병으로 반나절 만에 돌아왔다

우스운 건 그 기억들이
요즘 아스라이 떠오른다는 것
연락을 할지 말지 고민하는 새벽을
몇 번이나 참아냈다

이제 와 추억인 거겠지
너와 헤어지지 않았다면
과연 지금도 추억일까?
아닐 걸 잘 알아

매정한 나를 욕해도 돼
다만 어디 가서
내가 살인을 저지른 것처럼 매도하진 않길 바라

내가 널 죽였다면
너 또한 날 죽였을 테니

죄스러웠던 2월

그 일이 있고
너는 많이도 울었어

깔깔대며 영화를 보다가도 울컥하고
관자놀이가 축축해질 때까지
조용히 눈물을 흘렸어

손으로 막아도 눈물을 멈추질 않아서
나중에는 닦아주길 포기할 만큼
너는 영영 울기만 했어

잘못 태어난 느낌이라고, 너는 말했지

"이곳은 약육강식이 곧 법칙인데
내가 그걸 거부하려니까 이렇게 살기가 힘든가 싶어
수백만 년 흐른 역사의 한바탕에서
혼자 거꾸로 서보겠다고 아등거리니 꼴만 우습지

그러니까 다들 나만 보면 손가락질하는 거겠지"

네가 던진 말이
산책할 때면 멍하니 떠올라

그러던 어느 날부터
너는 눈물을 흘리는 대신
몸을 일으켜 불을 켰어

싸우기엔 눈물은 너무도 나약한 무기라며
각오를 손에 쥐고 문장을 써 내려갔지

숨죽인 밤
아침이 올까, 의문이 들어도 너는 맹신했어
우주 속에 떠오를 작은 폭발
소행성의 자기희생적인 발발을 확신했지

새벽에 일어나 글을 쓰지 않으면
내일의 태양이 뜨지 않을 것처럼
매달리던

네가 떠난 이부자리는 시린데
내가 몸 눕혔던 침대맡은 뜨끈해서
죄스러웠던 2월이 지나가

처절했던 네가 안쓰럽고
지금은 많이 보고 싶어
너는 모르겠지만

당신의 슬픔이 나에게 오기 전까지

당신의 슬픔이
나에게 오기 전까지
나는 누군가의 아픔을 이토록 깊게
들여다본 적이 있던가

당신에 한해서만
경계가 사라지는
부끄러운 나의 세계…

그대는 보시오

금일 전차를 타고
평암댁에 돌아가는 길이었소

동료들과 유쾌히 저녁을 먹고
단칸방에 돌아가려니 아쉬운 마음이요,
또 금시에 뻗고 싶은 마음이니
실로 진귀한 금요일 밤이 아닐 수 없소

옆자리 맵시 좋은
풍각쟁이가 피운 막궐련 냄새가 문제였나
전차 문에 매달려 가는데
스쳐 지나가는 연기 속에서
보름달이 보이더구려

말이 아니 되지
그 높이에 보름달이라니
명월관보다 낮은 위치였거늘

알알이 등화한
길거리의 영란등이 말이오
그대를 생각하니 보름달이 되더이다

웃지도 않은 깊은 밤에
내 마음이 환하고 온기가 도니
다 그대 덕분이오

기쁘고 고맙소

생각이 날아갈까 염려되어
아무쪼록 성급히 적은 것이니 양해 바라오

이만 총총
말을 줄이오

고백

1
혼자 노는 걸 좋아하던 아이는
옆자리가 빈 기차여행을 해도
타국의 쌀국숫집에서
현지인과 합석을 해도 행복했어

둘이라서 힘들 바에는
영원한 하나를 향유하길 바랐지

다만,
그만큼 고루한 일상이었어
딱히 기쁜 일 없이

누군가에게 사랑을 주고
사랑을 받고 있다는
고무적인 의욕이 사라진 세상

아이는 외로움이
이토록 견디기 어렵다는 것을
서서히 깨달았지

2
고요한 나만의 물녘에서 물장구치는 것보다
폭풍이 몰아치더라도
누군가를 받아들인 위태로운 바다에
살고 싶어진 이후로
나는 조금 늦은 사랑을 찾아다녔어

소설 속에서는 그토록 찬양하던 사랑을
현실에선 하지 못할까봐 두려운 밤을
얼마나 자주 보냈는지 몰라

3
어느덧,
셋이라는 숫자가 달콤하게 느껴졌어

아이를 가운데 앉히고
우리는 되는대로 애정을 느낄 때마다
서로의 어깨 끝을 쓰다듬겠지

사람들은 가끔 우리의 사랑스러운 아이와
눈이 마주치면 인사를 해줄 테고

아이가 천사의 얼굴로
악마처럼 고약하게 울어도
나는 기꺼이 그 짭조름한 뺨에
입을 맞추며 달래줄 거야

걱정하지 말렴 아가

너에게 세상을 다 줄 거야
사랑을 받는 것도
주는 것도 무엇인지 알려줄 거야

영원한 하나도
위태로운 바다도
네가 원한다면 무엇이든 다 괜찮다고
말해줄 거야

| 미주

1 이상, 『날개』에서 단어를 인용
2 김연자 노래 · 이건우 작사 「블링블링」 가사들을 발췌
3 미우라 켄타로, 『베르세르크 16』, 대원씨아이, 2012, 141p의 문장을 변주
4 한스 크리스티안 안데르센의 말 인용

| 후원자 성명

강다솜   강서현   강예지   고온슬
김나윤   김단한   김동혁   김두리
김성연   김세은   김슬기   김승기
김지아   맹비오   문지원   민제이
민 지   박성은   박소희   박지영
서채경   아홉프레스   양남규
에밀리   은   이 네   이 부
이서윤   이서이   이소진   이영주
이정현   이하연   이희숙   전유정
조승한   한여름   황미소   Y J
Tom Borrelli

사탕 껍질을 벗겨보니
내가 있었다

초판 1쇄 발행 2024년 6월 26일

지은이	글지마
발행처	가달 북스
교정교열	심영석
본문 사진	글지마

인쇄	금비 피앤비
도움	나의 애정하는 텀블벅 후원자님
폰트	KoPubWorld바탕체_Pro, 부크크 명조, 제주명조

ⓒ 글지마, 2024
이메일　madholicer@naver.com
ISBN　　979-11-97351-53-2 (03810)

책값은 뒤표지에 있습니다.

이 책의 판권은 지은이와 가달 북스에 있습니다.
책 내용의 전부 또는 일부를 재사용하려면 반드시 양측의 서면 동의를 받아야 합니다.